RECHERCHES

SUR

L'HYPNOTISME ET SES CAUSES

POISSY. — TYPOGRAPHIE ARBIEU.

RECHERCHES
SUR
L'HYPNOTISME
ET SES CAUSES
SUIVIES
D'UN DISCOURS
PRONONCÉ DANS L'ASSEMBLÉE DES CHIRURGIENS-DENTISTES
AU MOIS DE DÉCEMBRE 1860

PAR

M. H.-J. HÉBERT
CHIRURGIEN-DENTISTE A SAINT-GERMAIN-EN-LAYE

Expert-professeur de prothèse dentaire attaché à diverses institutions, couvents, communautés, etc.,
Auteur de : l'Influence du tabac sur le système général de l'organisme humain ; des Causes des diverses maladies du périoste ;
et inventeur de plusieurs appareils de chirurgie, etc., etc.

SAINT-GERMAIN-EN-LAYE
CHEZ L'AUTEUR, RUE DE MAREIL, 30

1861

A MES LECTEURS

En publiant ces quelques lignes, je n'ai point voulu faire de réclame, j'ai voulu répondre à quelques petits coups d'épingle lancés sur le dos de ma cuirasse. J'eusse pu riposter d'une autre façon, mais, tout bien considéré, je préfère celle-ci, car elle a aussi un autre but : c'est d'essayer d'ouvrir les yeux à qui de droit, sur le danger de la progression du charlatanisme dans l'art chirurgical dentaire, et, en même temps, de prévenir le public contre les abus de confiance qui se commettent tous les jours, et qui, en lui enlevant la majeure partie de son bien-être, lui enlèvent aussi, bien souvent, la santé.

Car dernièrement encore une personne vint me consulter pour une maladie de bouche, qui lui est survenue après la pose d'un dentier, fait à Paris. En visitant ce dentier, je vis qu'il était monté sur une plaque en maillechort ; il est vrai que cette personne n'avait payé ces dents que 15 francs chaqué ; qu'elle avait été reçue dans un salon où la dorure et l'élégance lui avaient fermé la bouche si par cas envie lui prenait plus tard de réclamer.

M. L... rentier à Saint-Germain, m'a présenté le mois dernier un dentier soudé par un chaudronnier de cette ville.

Deux autres personnes de la même ville m'ont montré des dents montées sur des pivots en cuivre... L'empoisonnement par l'arsenic peut avoir des effets plus rapides mais non pas plus cruels.

Voilà pourquoi je ne puis pas me taire plus longtemps, quand je vois que chaque jour et à tout heure, on se joue de la santé du public, en lui volant son argent.

Il serait cependant bien plus facile de contenter le public et soi-même, de se faire une bonne réputation et d'acquérir de la fortune, en employant des moyens délicats et honorables.

Hippolyte-Joseph HÉBERT.

RECHERCHES
SUR
L'HYPNOTISME ET SES CAUSES

RECHERCHES SUR LES EFFETS ET LES CAUSES DE L'HYPNOTISME

Depuis quelques années, on parle dans le monde médical d'un nouvel agent anesthésique, importé d'Amérique, qui doit remplacer avec avantage le chloroforme. Je l'emploie depuis un an; j'ai hypnotisé vingt-cinq à trente sujets, sur lesquels j'ai fait tous les essais possibles. Après avoir employé tous les moyens praticables, j'ai reconnu que cet agent existait, mais que sur trente sujets, il y en a, en moyenne, dix de réfractaires, à moins qu'ils ne soient bien préparés, comme je le dis plus bas.

Deux dames, jeunes, faibles, lymphatiques, ont été hypnotisées, la première en quatorze minutes, la seconde en douze ; un jeune homme de seize ans, nerveux, maladif, l'a été en seize. Ces trois sujets étaient préparés depuis trois jours par mon système. Mêmes symptômes chez les trois :

1° La dilatation du nerf cérébro-oculaire, conducteur de l'expression visuelle au cerveau, le gonflement vers le trou-

post-orbitaire et la rencontre de son partner sont la première cause de la légère inflammation sanguine de la sclérotique, chez un sujet hypnotisé, par la pression exercée sur les veines intra-orbitaires et sous-orbitaires, par la tension contractive des muscles sphénoïdo-sus-palpébrals et sphénoïdo-sous-oculaires.

2° Épanouissement de la rétine. Cette membrane molle, pulpo-nerveuse, occupant le fond du globe, reçoit et transmet au cerveau les impressions lumineuses. Il est facile de comprendre que son épanouissement paralyse l'intelligence, principale cause de l'anesthésie hypnotique.

3° Refoulement du sang vers le cerveau, ce qui occasionne les bruissements d'oreille et les légères faiblesses du cœur, qui elles-mêmes sont cause des bâillements, de la faiblesse du pouls, et enfin de l'anesthésie cataleptique.

PRÉPARATION DU SUJET

Pendant trois jours, je le soumets successivement à un régime doux; le premier jour, je l'hypnotise pendant trois ou quatre minutes, le second jour j'augmente de quelques minutes, et le troisième je l'hypnotise entièrement et je l'opère.

Par ces moyens, j'obtiens une insensibilité complète. J'ai remarqué que les sujets non préparés sont réfractaires ou bien ressentent une partie de l'opération.

Je pense donc que l'hypnotisme est appelé à rendre de grands services à la chirurgie dentaire et à diverses opérations chirurgicales. Certainement, il ne peut être employé dans autant de cas que les autres agents anesthésiques, tels que l'éther, le chloroforme, l'amilène et la poudre de champignon.

De tout ce que je viens de dire, la preuve la plus évidente est qu'il est impossible d'hypnotiser un borgne ou un aveugle. Il n'est nullement dangereux de se servir de l'hypnotisme.

Cependant il serait à désirer que cet agent ne fut employé que par des mains pures et loyales, et non par les charlatans et les pick-pocket.

Je crois même que les journaux rendraient un grand service au public en l'avertissant de se méfier de certains individus nommés *chineurs*, en province, qui pourraient se servir de cet agent pour dévaliser plus facilement les personnes crédules.

J'ai employé divers agents pour hypnotiser, tels que l'or, l'argent, l'étain poli, le cuivre, etc. Je n'ai obtenu de bons résultats qu'avec un disque d'aluminium bruni, et je ne me sers plus d'autre appareil.

OPÉRATIONS DENTAIRES

SOUS L'INFLUENCE DE L'HYPNOTISME (1).

A Monsieur le rédacteur de la *Revue odontotechnique*,

Je prends la liberté de vous adresser les deux notes ci-jointes. J'ai l'espoir qu'elles rendront quelques services à la science dentaire et à ceux de nos confrères qui ne croient pas à l'hypnotisme ou qui craignent d'en faire l'essai, de peur d'être taxés de charlatanisme. J'ai été, comme la plupart de mes confrères, incrédule au sujet de l'hypnotisme, en ce qui concerne la chirurgie dentaire; mais j'ai été forcé enfin de me rendre à l'évidence. Pendant plusieurs mois je me suis livré à des expériences dans lesquelles je croyais avoir réussi quoique, je l'avoue, j'accusasse intérieurement les sujets hypnotisés de mettre beaucoup de complaisance dans leurs réponses, quand je les questionnais concernant leur insensibilité, soit qu'ils voulussent me plaire, soit qu'ils se fussent trompés eux-mêmes ; je restais donc toujours quelque peu incrédule. Aujourd'hui cependant j'ai vu, et je crois. Voici le fait :

Mercredi, 16 juin, je fus mandé à Marines (Seine-et-Oise) pour extraire deux dents à un enfant de huit ans maladif, nerveux, que j'avais déjà opéré; à ma vue il poussa des

---

(1) Cet article que j'avais adressé à M. C.-J. Putnam, rédacteur en chef de la *Revue Odontotechnique*, a paru dans le numéro de juillet dernier. Il m'a semblé trop important pour ne pas le mettre sous les yeux des lecteurs de cet opuscule.

cris terribles, se roula par terre, dans des convulsions, tant que je restai près de lui. Je me retirai, et il revint à lui de suite. Je conseillai alors au père de cet enfant de l'hypnotiser lui-même, et en attendant le moment opportun, je me tins dans une chambre à côté. L'on ferma les persiennes, et la chambre était alors dans une demi-obscurité. L'opération réussit parfaitement. Au bout de huit minutes l'enfant ne bougeait plus ; je parus alors, je m'approchai de lui ; il leva un instant les yeux. Je pense qu'il me reconnut, car il eut un léger frisson, qui ne dura au plus qu'une seconde, puis il referma les yeux, qui étaient un peu rouges comme d'une légère inflammation. Le pouls était faible, mais régulier ; deux minutes après je l'opérai. Il jeta deux faibles cris mais ne bougea pas ; à la première dent il ouvrit les yeux, à la seconde il les tint fermés. Je le réveillai par les frictions et les insufflations (système Braid).

Lorsqu'il m'eut reconnu il eut encore une faible convulsion qui se passa aussitôt après mon départ.

Cette expérience me servira dans un autre cas pareil.

Ce cas, le voici :

Il y a une demi-heure à peine, j'ai fait une expérience sur une petite fille, enfant de dix ans : j'ai observé les mêmes symptômes que chez le petit garçon hypnotisé à Marines. Voilà, Monsieur, pourquoi je dis, j'ai vu, je crois. Je poursuivrai mes observations, et j'aurai l'honneur de vous en faire part.

Mlle B....., âgée de 22 ans, à Conflans-Sainte-Honorine, faible, lymphatique, malade depuis longtemps d'une hypertrophie au cœur, avait besoin de se faire extraire une dent dont elle souffrait beaucoup. Plusieurs chirurgiens n'osèrent pas l'opérer à cause de son état de faiblesse. Je la préparai, et le troisième jour je l'hypnotisai en onze minutes et je l'opérai. Je puis affirmer que l'opération ne laissa aucune trace de malaise.

HYGIÈNE. — MASTICATION.

De la nécessité de mâcher, soit avec des dents naturelles, soit avec des dents artificielles.

La durée de la vie humaine est proportionnée à la perfection ou à l'imperfection avec laquelle s'exécutent les diverses fonctions dont l'ensemble constitue la vie. Ai-je besoin d'ajouter que pour que les organes puissent bien travailler, bien exécuter les fonctions qui leur sont dévolues, il faut qu'ils soient sains et que rien ne s'oppose à ce qu'ils ont à exécuter? D'un autre côté, les aliments qu'on livre à ces organes doivent être tels qu'ils puissent promptement et sans efforts extraordinaires être réduits à l'état assimilable.

La digestion est une des fonctions de l'organisme, c'en est une des plus importantes, je dirai même une de celles dont dépendent toutes les autres.

La transformation des matières alimentaires en *chyle* peut donc être envisagée à peu près comme une opération chimique; or, selon leur plus ou moins de solubilité, de perméabilité, de réduction en particules plus ou moins tenues, les aliments sont dissous plus ou moins rapidement. En d'autres termes, plus ils présentent de nombreuses surfaces à l'action du liquide dissolvant, plus la transformation est rapide et complète.

C'est ainsi qu'un fragment volumineux d'aliment solide, avalé en entier, séjourne plusieurs heures sans être dissous dans l'estomac le plus sain. Si ce fragment a été écrasé, moulu, dûment insalivé avant d'être avalé, il disparaît en moins d'une heure, et la digestion est prompte et parfaite; mais dans le cas contraire elle est longue et imparfaite.

Il est donc de la plus haute importance que les aliments soient broyés, divisés, insalivés, avant d'être introduits dans l'estomac, avant d'être soumis à l'action du suc gastrique; car sans une parfaite mastication, il n'y a pas de digestion parfaite. Je pourrais dire plus, la plupart des gastralgies et même des gastrites ne reconnaissent pas d'autre cause que l'indigestion; et l'on peut affirmer, sans crainte d'être démenti par les faits, que la plus grande partie des personnes qui succombent au cancer de l'estomac, vulgairement nommé pylore, s'attirent elles-mêmes cette épouvantable affliction.

L'usage principal des dents est de préparer la digestion, car les animaux qui en sont pourvus, les carnassiers, ont la digestion presque immédiate, tandis que les autres, les oiseaux, ont la digestion longue et difficile, et leur estomac, qui est charnu et pourvu d'un gésier, se trouve constamment rempli de petites pierres.

C'est pourquoi la Providence nous a pourvus d'un appareil spécial, d'une meule destinée à broyer les aliments; cette meule, ce sont les dents et tout l'appareil osseux, nerveux, vasculaire et musculaire qui leur est affecté. Au dentiste est confié le soin de ces organes importants, soit qu'il s'agisse de les conserver ou de les sauver d'une ruine prochaine, soit qu'il s'agisse de remplacer ceux qui sont déjà perdus. Mais les préjugés veulent que le public n'ait pas le moindre souci de ses dents tant qu'elles ne sont pas douloureuses, et la première visite qu'on fait ordinairement à l'homme de l'art a pour premier résultat l'extraction de nombreuses dents qu'on a ainsi sacrifiées par négligence.

On voit par là qu'il est très-important de surveiller et de préserver la dentition dès l'âge le plus tendre.

Aujourd'hui je suppose que nous ayons, par négligence, compromis la plupart de ces précieux organes, nous pouvons les remplacer par des dents artificielles.

C'est encore là un des bienfaits de l'art. Si, comme nous

l'avons vu précédemment, nous conservons, avec les organes de la mastication, les chances d'une longue vie, nous pouvons, si nous avons perdu nos dents naturelles, regagner ces chances perdues au moyen de dents artificielles.

Pour vivre longtemps, ne négligeons donc aucun moyen de préserver les dents naturelles et de les guérir quand elles sont malades ; et. quand elles sont tombées, ne manquons pas de les remplacer par des dents artificielles aussi parfaites que possible.

Nous avons aujourd'hui, vu l'application du métal aluminium pour base des dentiers, un motif de plus pour la progression de la pose des dents artificielles, car il y a, premièrement, économie comme prix de la matière première ; secondement, comme légèreté, et, grâce à la pureté de ce métal, aucune crainte d'oxidation.

Les dents, et spécialement les dents de devant, naturelles ou artificielles, sont nécessaires pour articuler distinctement les mots et pour retenir la salive ; il est donc urgent de les conserver et pour nous et pour les autres, afin que notre parole soit distincte et puisse être bien comprise. L'absence des dents prive aussi la figure de ses plus beaux attraits ; elle la rend désagréable et hideuse. Recourons donc à tous les moyens de l'art (et engageons tout le monde à le faire) pour conserver l'apparence d'une bonne santé, un commerce et un aspect agréables : car si c'est une monstruosité de voir de jeunes personnes édentées, c'est un agrément de voir la bouche d'un vieillard bien conservée. Cela me rappelle une personne qui demanda un jour un parapluie pour se garantir des jets de salive que lui envoyait une dame avec laquelle elle causait.

Si nous réfléchissons que les dents forment une partie du système général de l'organisme humain ; si nous sommes bien persuadés qu'aucune partie de ce système ne saurait être malade sans que le mal retentisse aussitôt sur toutes les autres, si nous sommes bien convaincus que la santé, la longévité ne sont que l'effet, l'expression de la parfaite intégrité de tous les organes, nous devons trouver que, bien loin de faire trop de cas de l'appareil dentaire, nous n'avons pas assez insisté sur un sujet si important.

Voici le résultat de nos observations :

Par la chute des dents, difformité de la physionomie.	99 sur 100
Par la carie des dents, mauvaise haleine, bouche putride.	98 » 100
Par la mauvaise mastication, migraines, névralgies, maux de reins, maux d'estomac. .	80 » 100
Par le manque de digestion, squirre cancéreux.	3 » 100
Id. id. cancer de l'estomac (pylore). . . .	15 » 100
Id. id. décès.	8 » 100

Je me résume en disant :

Bonnes dents, soit naturelles, soit artificielles, bonne digestion, bonne santé et longue vie.

Mauvaises dents ou absence d'appareil masticateur, mauvaise santé, maladies diverses et souvent la mort dans la force de l'âge.

PIPE ANESTHÉSIQUE

Les dangers que présentent tous les appareils dont on s'est servi jusqu'à ce jour pour l'emploi du chloroforme a vivement excité mon attention et je me suis demandé s'il n'y aurait pas moyen d'y remédier. C'est sans doute un grand avantage pour la science d'avoir découvert un agent qui, par sa douce influence, rend faciles les opérations les plus douloureuses et qui, par conséquent, présentent de plus grandes difficultés. Mais que n'y a-t-il pas à redouter lorsque ce sont des mains imprudentes et maladroites qui se servent de ce moyen? Non-seulement des souffrances atroces mais quelquefois la mort elle-même est le résultat de l'inexpérience en pareille matière.

Je crois donc qu'il n'est pas hors de propos de parler d'un appareil que j'ai inventé pour obvier à tous ces inconvénients; cet appareil c'est la pipe anesthésique avec laquelle on peut s'endormir soi-même pour l'opération la plus simple comme pour la plus douloureuse.

La pipe anesthésique a la forme d'un biberon *Darbo* auquel s'adapte un tube en caoutchouc muni d'un galumet. La personne qui s'en sert met ce galumet dans sa bouche, après avoir préalablement bouché les narines par le moyen d'un pince-nez. Le chloroforme agit immédiatement sur le sujet, l'endort et au moment où le sommeil a lieu, le galumet tombe de lui-même de la bouche du dormeur. Il en résulte que celui qui se sert de cet appareil n'absorbe jamais que la quantité nécessaire pour l'endormir et n'a point à craindre les effets violents et destructeurs du chloroforme quand il est pris en trop grande quantité.

Je me sers de cet appareil depuis longues années et je n'ai eu qu'à me louer des résultats que j'en ai obtenus.

INFLUENCE DE LA CARIE DES DENTS

SUR

LE LAIT DES NOURRICES ET SUR LES DIVERSES MALADIES DE LA GLANDE MAMMAIRE ET DES ENFANTS (1).

La glande mammaire sécrète le lait, fluide blanc sucré, destiné à l'allaitement des enfants dans le premier âge et à leur alimentation ; elle est un organe sécrétoire extra-thoracique, un assemblage de lobules pulpeux, blanchâtres, liés entre eux, formant une masse hémisphérique aplatie, plus épaisse au centre qu'à la circonférence. Les conduits mammaires sont des vaisseaux lactifères naissant des lobules de la glande et du tissu graisseux environnant ; ils sont très-nombreux, forment un réservoir de canaux, puis se réduisent à quinze ou vingt et vont s'aboucher au mamelon.

Il n'est pas rare, il n'est que trop commun même, de rencontrer des femmes ayant la bouche dans un état putride causé par la carie d'une ou de plusieurs dents, qui allaitent des enfants, sans connaître l'influence que peut avoir cet état sur leur existence personnelle et sur celle de leurs nourrissons. Il est certain que notre existence depend de la qualité de l'air et des aliments que nous absorbons ; il faut en con-

---

(1) Cet article a paru aussi dans la *Revue Odontotechnique* au mois de septembre dernier.

clure que l'air et les aliments viciés ont beaucoup d'influence sur le lait des nourrices. Nous voyons à chaque instant des enfants de cinq à sept mois attaqués par la maladie nommée vulgairement carreau, et qui souvent est un squirre laiteux; des enfants de sept à huit mois atteints de la gourme teigneuse; nous en voyons d'autres de dix mois à un an ayant des glandes trachéliennes, des maux d'yeux au moment de la première dentition, et entre quinze et dix-huit mois des vers et des convulsions souvent mortelles. Combien d'enfants aussi, vers deux ou trois ans, sont noués, scrofuleux, maladifs, maigres, lymphatiques, nerveux, toujours souffrants, enfin, de véritables avortons vivants.

Quelles sont les causes de toutes ces maladies? L'air aspiré par l'enfant que la mère-nourrice embrasse souvent sur la bouche, les aliments qu'il absorbe après que la nourrice les a goûtés et rejetés dans la cuiller, aliments souvent corrompus par des miasmes empoisonnés, par des dépôts, par des détritus qui séjournent dans les dents cariées et qui sortent de ces cavités par la succion ou par une nouvelle mastication; l'allaitement enfin malsain, vicié par l'air qui, arrivant dans les bronches et les poumons de la nourrice, est infecté. Les aliments qu'elle absorbe dans ces conditions, après avoir passé par les organes de la mastication, arrivent dans les organes de préparation, d'imprégnation des sucs gastriques et de seconde trituration du bol alimentaire, et la chimification se fait dans un état tel que la distillation du sécréteur pré-thoracique (ou mammaire) ne donne plus qu'un lait imprégné d'un vice empoisonné.

J'ai vu, le 9 avril de l'année 1860, un enfant âgé de vingt mois, alimenté ainsi par un lait mauvais; il avait quatre incisives, deux inférieures et deux supérieures, attaquées par la carie; le 17 du même mois, il fit une légère morsure à la glande mammaire de sa nourrice : quelques jours après le sein était très-enflammé. Je conseillai de ne plus allaiter l'enfant; le lendemain il y avait deux trous purulents, et le mal s'est tellement aggravé que plusieurs célébrités chirurgicales furent consultées. Malgré tous leurs soins, je ne crois pas que l'on puisse sauver la malade. L'enfant, le 2 août, était couvert de boutons, de dartres et presque aveugle. La nourrice était bien mal.

P. S. J'apprends à l'instant que la nourrice est morte hier soir (16 août); elle a donc vécu trois mois dans de cruelles souffrances.

DISCOURS ANNUEL

PRONONCÉ

À L'ASSEMBLÉE DES CHIRURGIENS-DENTISTES

AU MOIS DE DÉCEMBRE 1860

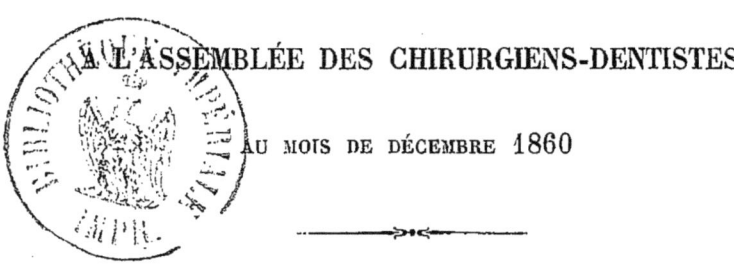

Messieurs,

Depuis longues années, des siècles même, l'art médical et chirurgical, emploie tous les moyens qui lui sont dévolus pour combattre, soit par l'hygiène, soit par de nouvelles découvertes de médicaments, ou appareils de chirurgie, les épidémies, maladies, fractures, etc., etc., auxquelles l'homme est assujetti.

Je viens cependant vous entretenir aujourd'hui d'un fléau qui fait plus de ravages que tous les maux dont nous avons tant de fois parlé dans nos séances ; et qui, tant qu'il subsistera, rendra inutiles tous nos efforts pour la conservation de la santé du peuple ; je veux parler des charlatans. J'en distinguerai de trois espèces :

1° Les charlatans passants (ou *chineurs*).

2° Les faux médecins de village, tant mâles que femelles, connus sous le nom de sorciers, devins, empiriques, etc., etc.

3° Enfin les somnambules, tous exploiteurs et presque coupables d'homicide, dépeuplant sourdement les familles.

Les premiers, sans visiter les malades, débitent des remèdes dont quelques-uns ne sont qu'extérieurs et ne font pas toujours grand mal, mais les remèdes intérieurs sont très-souvent pernicieux ; j'ai vu plusieurs fois les effets les plus cruels produits par ces drogues, et il ne passe point de ces misérables dont l'entrée dans une localité, ne coûte la santé ou la vie à quelque-uns de ses habitants. Ils nuisent encore d'une autre façon, en emportant l'argent par milliers de francs, annuellement, à cette partie du peuple, pour qui l'argent est une chose si précieuse.

J'ai vu avec douleur le laboureur et l'ouvrier dénués des secours les plus nécessaires à la vie, emprunter de quoi acheter chèrement le poison destiné à combler leur misère en aggravant leurs infirmités, et souvent en les jetant dans des maux de langueur qui réduisent toute une famille à la mendicité.

Un homme ignorant, fourbe, menteur et impudent, séduira toujours l'habitant des campagnes, simple et crédule, incapable de juger de rien, de rien apprécier et qui sera éternellement la dupe de cette classe de charlatans tant qu'on la tolérera. Mais le magistrat, son tuteur, son protecteur, son père ne devrait-il pas le soustraire à ce danger, en prohibant sévèrement l'entrée de sa localité, où les hommes sont si précieux et l'argent si rare, à des individus pernicieux qui détruisent les uns et emportent l'autre, sans jamais y faire le plus petit bien ? Des raisons aussi fortes ne permettent pas de différer plus longtemps leur expulsion, car il n'y a aucun motif pour les admettre.

Quand on signale un loup aux environs d'un village, chacun se met en mesure de le chasser ou de le tuer, pour sauver sa brebis, et l'on accepte le charlatan, cent fois plus vorace et plus cruel ! !

L'empirique, le sorcier, le devin, n'emportent pas l'argent il est vrai, comme les charlatans qui ne font que passer, puisqu'ils restent à demeure à s'engraisser des larmes du pauvre, leur voisin ; mais le ravage qu'ils font est continuel et par là même immense, et chaque jour de l'année est marqué par le nombre de leurs victimes ; ils volent cruellement le peuple en lui vendant dix fois au-dessus de leur valeur, les remèdes avec lesquels ils l'empoisonnent.

Sans connaissances médicales, sans aucune expérience, ils sont armés de trois ou quatre remèdes dont ils ignorent aussi profondément la nature qu'ils ignorent la nature des maladies pour lesquelles ils les emploient; ces remèdes presque tous violents, sont véritablement un glaive dans la main d'un furieux. Ils empirent les maux les plus légers, et rendent mortels ceux qui sont un peu graves, mais qui se seraient guéris si on les eût simplement abandonnés à la nature et à plus forte raison s'ils avaient été bien traités.

Le somnambulisme qui, de nos jours, fait tant de victimes doit être traité pis encore s'il est possible; je ne m'étendrai pas bien loin sur ce sujet; il est trop vil, trop indigne de nous.... trop lâche... Voici ce que j'en pense :

Le brigand qui assassine au milieu du grand chemin laisse au moins la triple ressource de se défendre, d'être le plus fort ou d'être secouru; mais l'empoisonneur qui surprend la confiance du malade et le tue, souvent après l'avoir ruiné, est cent fois plus dangereux et partant plus punissable.

On signale les bandes de voleurs qui nous dépouillent; il serait encore plus urgent qu'on eut un rôle de tous ces faux médecins de l'un et de l'autre sexe, et qu'on en publiât la description la plus exacte, accompagnée de la liste de leurs exploits meurtriers. On inspirerait peut-être par là une frayeur salutaire au public qui ne s'exposerait plus à être la victime innocente de ces bourreaux.

Son aveuglement sur cette triple espèce d'êtres malfaisants est inconcevable; celui qu'il a en faveur des charlatans l'est cependant moins, parce que, ne les connaissant pas, il peut leur supposer une partie des talents et des connaissances qu'ils s'arrogent; il faut donc l'avertir que, malgré l'appareil pompeux dont quelques-uns se parent, ce sont toujours des hommes vils qui, incapables de gagner leur vie par un travail honnête, ont fondé leur subsistance sur leur propre impudence et sur sa naïve crédulité; qu'ils n'ont d'autres connaissances, ni d'autre science que la fourberie; que leurs titres, dont ils font un si grand abus, sont comme leurs habits galonnés qu'ils achètent à la friperie; que leurs certificats de guérisons sont chimériques ou faux, et que, enfin, quand sur le nombre prodigieux de gens qui prennent leurs remèdes, il y en aurait quelques-uns de guéris (et il est presque physiquement impossible que cela n'arrive pas), il n'en serait pas moins vrai que c'est une espèce destructive.

Un jour deux hommes se battent en duel, l'un est blessé d'un coup d'épée qui, perçant un abcès, le sauve d'un mal qui l'aurait tué; les coups d'épée n'en sont pas moins mortels.

Voyez le crédit de ce charlatan de foire, que cinq ou six cents paysans entourent, grands yeux ouverts et bouche béante, et qui se trouvent fort heureux qu'il veuille bien leur friponner leur strict nécessaire, en leur vendant quinze ou vingt fois au-delà de sa valeur un remède dont la plus grande qualité serait d'être inutile, s'il n'était pas malfaisant; le crédit, dis-je, de ce fripon toléré, tomberait bientôt, si l'on pouvait persuader à chacun de ses auditeurs, qu'à un peu de souplesse près dans la main, il en sait tout autant que lui, et que, s'il peut acquérir son impudence, il aura dans un instant la même habileté, méritera la même confiance et aura la même réputation. Il en est ainsi des empiriques et des somnambules. L'art le plus vil s'apprend; pour être savetier il faut un apprentissage, et l'on n'en fera point pour l'art de guérir, pour l'art le plus nécessaire, le plus utile, le plus beau? On ne confie une montre, pour la raccommoder, qu'à celui qui a passé bien des années à étudier comment elle est faite, et quelles sont les causes qui la font bien aller ou qui la dérangent; et cependant on confie sa santé, sa machine la plus délicate, la plus précieuse, à des gens qui n'ont pas la plus petite notion de sa structure, des causes de ses mouvements et des instruments qui peuvent la rétablir. Qu'un soldat, chassé de son régiment à cause de ses coquineries, ou qui a déserté par libertinage; qu'un banqueroutier, qu'un ecclésiastique flétri, qu'un barbier ivrogne, qu'une foule d'autres personnages aussi vils, viennent afficher qu'il remontent les bijoux dans la perfection; s'ils ne sont pas connus, si l'on ne voit pas de leur ouvrage, si l'on n'a pas des témoignages authentiques de leur probité et de leur habileté, personne ne leur confiera pour quatre sous de pierres fausses, et ils mourront de faim. Mais, qu'au lieu de se faire joailliers, ils s'affichent médecins, on achètera très-chèrement le plaisir de leur confier sa vie, dont ils ne tarderont pas à empoisonner les restes.

Les plus grands médecins, ces hommes rares qui, nés avec les plus heureux talents, ont éclairé leur esprit dès leur plus tendre enfance; qui ont cultivé ensuite avec soin toutes les parties de la physique; qui ont sacrifié les plus beaux jours de leur vie à une étude suivie et assidue du corps humain, de ses fonctions, des causes qui peuvent les déranger et des remèdes à y apporter; ces hommes qui ont réuni à leur propres observations celles de tous les temps et de tous les lieux : ces hommes rares, dis-je, ne se trouvent même pas tels qu'ils voudraient l'être pour se charger du précieux dépôt de la santé humaine, et on la remettra à des hommes grossiers, nés sans talents, élevés sans culture, qui souvent ne savent pas lire, qui ignorent tout ce qui a quelque rapport à la médecine, aussi profondément que les mœurs des sauvages; qui n'ont veillé que pour boire ou auprès d'une table de jeu, qui souvent ne font cet horrible métier que pour fournir à leur boisson et ne l'exercent que dans le vin, qui ne se font charlatans que parce qu'ils étaient incapables d'être quelque chose? Une telle conduite paraîtra, à tout homme sensé, le comble de l'extravagance.

Si l'on entrait dans l'examen des remèdes qu'ils emploient, si on les comparait aux besoins des malades auxquels ils les vendent, on serait saisi d'horreur, et on gémirait sur le sort de ces infortunés dont la santé et la vie sont confiées aux plus meurtriers des êtres. Quelques-uns d'entre eux comprenant le danger de l'objection tirée du manque d'études, ont cherché à la prévenir en répandant parmi le public un préjugé qui n'est que trop accrédité aujourd'hui. Je parle des somnambules et de ces femmes cartomanciennes, empiriques, exerçant plusieurs *petites professions*, etc., etc., c'est que les talents qu'elles possèdent sont un don surnaturel et supérieur par là même à toutes les connaissances humaines. Ce n'est point à moi à montrer l'indécence, le crime, l'irréligion d'une telle fourberie, ce serait empiéter sur les droits de ceux à qui il appartient. Mais qu'il me soit permis de dire que cette branche de superstition ayant les suites les plus terribles, mérite toute leur attention. Il est d'autant plus à souhaiter qu'on combatte cette sorte de superstition, qu'un esprit imbu de préjugés faux n'est pas propre à recevoir une doctrine véritable. Il y a telles coquines et tels scélérats qui, espérant s'accréditer, par la crainte autant que par l'espérance, ont poussé l'audace jusqu'à laisser douter s'ils tenaient leur puissance du *ciel* ou de *l'enfer*. Voilà cependant les gens qui disposent de la vie des autres.

Voici, en passant, un exemple d'effronterie inqualifiable :

Dernièrement, en chemin de fer, j'entendais une personne raconter toutes les guérisons qu'elle avait faites par le moyen de ses remèdes : — un tel soigné par un âne de médecin ; — un tel soigné par le docteur X..., qui ne connaît rien à la médecine ; — un autre qui était mort, disait-elle, mais que, dès qu'elle fut arrivée près du prétendu mort, elle n'avait eu qu'à faire comme Jésus-Christ pour Lazare. Au moyen d'un de ses remèdes, trois jours après, le mort était sur pied, et, armé d'un fusil, il parcourait la plaine en chasseur, — enfin toute sorte de guérisons miraculeuses.

Je demandai à un jeune homme, un habitant de la campagne qui paraissait le connaître, quel était ce grand personnage.

Il me répondit avec la plus naïve bonne foi :

— Oh ! ce monsieur est un savant ; d'ailleurs sa femme a obtenu un *diplôme* d'herboriste et tout le monde chez nous va le consulter.

— Et lui, que fait-il ?

— Il est *happeur* d'oiseaux, il élève des chiens, et puis il fait des corvées pour l'un et l'autre. Mais il gagne plus d'argent avec la médecine. C'est malheureux qu'il boive *un peu*, et quand il *est bu*, il jette des sorts aux gens, qui le contrarient.

— Alors dis-je, c'est plus qu'une canaille, c'est un fripon !

— Oh ! monsieur, taisez-vous, s'il vous entendait vous auriez toute votre vie à vous en repentir.

CHARITABLE CRÉDULITÉ !!!

Un fait que j'ai souvent remarqué et qu'on n'expliquera jamais, c'est l'empressement de tout individu, (à peu près) à se procurer les meilleurs secours pour ses bêtes malades, quelqu'éloigné que soit le *médecin vétérinaire*, ou l'homme que l'on croit tel (car malheureusement il y a, parmi eux, autant de charlatans, que dans la médecine. Trente mauvais pour deux bons).

Si cet homme a beaucoup de réputation, on va le trouver, on le consulte, on le fait venir à grands frais, à tout prix. Quelque couteux que soient les remèdes qu'il indique, s'ils passent pour être les meilleurs, on se les procure ! Mais dès qu'il s'agit de sa propre santé, de celle de sa femme ou de ses enfants, on se passe de tous secours ; on se contente de ceux qui se trouvent sous la main, quelque pernicieux qu'ils puissent être, et qui n'en sont pas moins coûteux ! C'est quelque chose de révoltant que les sommes extorquées par cette sorte d'empiriques, aux patients ou plus souvent à leurs héritiers.

Je ne puis pas m'étendre plus longuement sur cette matière ; l'amour seul de l'humanité m'a forcé à dire quelques mots d'un sujet qui mériterait d'être traité plus au long et qui est de la plus grande importance.

Après avoir montré le mal, je voudrais pouvoir indiquer des remèdes sûrs ; c'est difficile. Le premier, et sans contredit le plus efficace, est celui dont j'ai parlé déjà ; n'admettre aucun charlatan passant, et signaler tous les autres, empiriques, somnambules, cartomanciennes, arracheurs de dents, sans certificats de capacité émanant d'un docteur ou d'un collége dentaire. Ne serait-il pas à propos de leur infliger des peines corporelles, comme cela s'est vu en différents lieux et par édits souverains? Ne pourrait-on pas les couvrir d'infamie, en suivant une pratique usitée autrefois dans une grande ville de France? Quand il se trouvait des charlatans à Montpellier, on les attachait sur un âne maigre, sale, la tête tournée vers la queue; on les promenait en cet état par toute la ville, au bruit des huées des enfants et de la populace les frappant, leur jetant des ordures, les tiraillant de tous côtés et les maudissant comme ils le méritent.

Un second moyen serait des instructions pastorales sur cet objet. La conduite du public à cet égard est un vrai suicide, et il serait important de l'en convaincre.

Un troisième moyen, serait de faire sentir au public, de lui prouver (ce qui serait fort aisé) qu'il lui en coûtera moins pour être bien soigné, que pour être *bourraudé* ; l'appât du bon marché, le ramènera beaucoup plus sûrement, que l'aversion du crime.

Enfin si l'on ne peut pas remédier aux abus, serait-il avantageux de détruire tout art médical? Quand de bons médecins, de bons chirurgiens, qui ont pour eux la science acquise par l'étude et la pratique, ne peuvent faire autant de bien, que les mauvais font de mal, n'y aurait-il pas un avantage réel à n'en point avoir? je me le demande quelquefois. L'anarchie en médecine est la plus dangereuse de toutes les anarchies ; la chirurgie dentaire, par exemple, libre de toute règle et sans loi, est un fléau qui frappe sans cesse, et si l'on ne peut pas réparer le désordre, il faudrait peut-être défendre sous de rigoureuses peines l'exercice d'un art qui devient si funeste, ou si les Constitutions d'un État ne permettent pas ce moyen, ordonner, comme dans les grandes calamités, des prières publiques dans toutes les églises.

Un autre abus, moins dangereux peut-être que ceux dont je viens de parler, mais qui ne laisse pas cependant de faire des maux réels, dont le moindre est de faire sortir beaucoup d'argent de la bourse du peuple, et dont les classes aisées sont encore plus victimes; c'est le triste aveuglement avec lequel on s'en laisse imposer par l'annonce pompeuse d'un remède infaillible, panacée universelle, placardé sur tous les murs ou inséré dans les journaux.

Un de ces charlatans vend trente et quarante fois au-dessus de la valeur réelle son remède; telle personne sensée à tous autres égards, qui hésiterait à confier sa santé et sa vie à des médecins dignes d'une entière confiance, se hasardera, par une inconcevable folie, pour le remède le plus *risqueux* et sur la foi d'un placard imposteur. Heureusement, tous ces remèdes qu'on débite par ces moyens ne sont pas tous accrédités ni bien dangereux; mais l'on doit juger toutes ces affiches sur ce principe (et je n'en connais point de plus vrai en physique et en médecine), c'est que : quiconque annonce un remède universel est un imposteur, et qu'un tel remède est impossible et contradictoire. Je n'entrerai point dans des détails de preuve; mais j'en appelle hardiment à tout homme sensé qui voudra bien réfléchir un moment sur les différentes causes des maladies, sur l'opposition de ces causes et sur l'absurdité de vouloir les combattre toutes avec le même remède. Peut-on espérer de guérir une hydropisie, qui vient de ce que les fibres sont trop lâches et le sang trop dissous, avec les mêmes remèdes qu'on emploie pour guérir une maladie inflammatoire dans laquelle les fibres sont trop raides et le sang trop épais? Se flatterait-on de guérir toutes les épilepsies, dont les causes sont très-variées et très-opposées, par un même remède? Parcourez toutes ces mêmes annonces, analysez tous ces remèdes, vous trouverez dans toutes et tous des vertus contradictoires, et ceux qui les font devraient être voués à l'infamie.

Messieurs,

Pour terminer, je ne dirai plus que deux mots : c'est que je me suis étendu sur un sujet qui devrait ouvrir les yeux du public et fermer sa bourse en conservant sa santé ; l'ardent désir que j'ai pour le bien de tous m'a fait peut-être sortir des bornes que m'imposent trois raisons spéciales ; je ne suis pas docteur en médecine, je ne suis que chirurgien dentiste comme vous, Messieurs ; enfin, il y a eu peut-être imprudence de ma part d'avoir attaqué tous ces intérêts de spéculateurs ; — mais j'ai dit la vérité. Cependant il retombe sur notre art une partie de ce fléau désastreux moins que sur la médecine, il est vrai. Mais nous avons aussi nos empiriques, nos sorciers ; nous connaissons des maréchaux, des menuisiers, des perruquiers, des marchands de peaux de lapins, qui arrachent les dents, les plombent avec du papier à chocolat, ou un amalgame de plomb, zinc et mercure, vous brisent souvent l'alvéole, le maxillaire.... Que d'hémorrhagies, de maladies de bouche, de chutes de dents, etc., etc. Ils vendent des drogues, composées en partie de matières acidulées, et ils s'intitulent dentistes, voilà nos empiriques...

D'autres qui, par une connaissance occulte, un don surnaturel, un secret que Satan ou ses acolytes leur a enseigné, s'approchent de nous armés d'un marteau et d'un clou, touchent notre dent malade, plantent le clou dans le mur de leur grenier, et nous assurent guérison; d'autres nous brûlent l'oreille avec un fer rouge; là, le remède est pire que le mal, etc., etc.; voilà nos sorciers. Et, pour terminer, que nos nombreux clients évitent surtout les *chineurs*, ces charlatans de bas étage, cette espèce de pick-pocket.

Je finis en vous remerciant d'avoir bien voulu me prêter votre attention et surtout pour les marques d'approbation et de répulsion que j'ai saisies dans vos regards pour tout ce qui est charlatanisme. L'art du dentiste doit avoir pour devise: *Humanité, honorabilité.*